シリーズ　見てみよう・考えよう！

子ども大学

1 身近（みぢか）な生活（せいかつ）のギモン

1・2 時間目（じかんめ） 社会（しゃかい）	なぜ番組（ばんぐみ）は54分（ぷん）で終（お）わるのか？
3 時間目（じかんめ） 数学（すうがく）	なぜハチの巣（す）は六角形（ろっかくけい）なのか？
4 時間目（じかんめ） スポーツ科学（かがく）	運動神経（うんどうしんけい）って、なに？

はじめに

「子ども大学」は、子どもたちの大学です。えっ！ どういうこと？ と思うかもしれませんね。子ども大学はこれまで世界のいくつかの国にありましたが、日本では、2008年に埼玉県川越市に誕生したのがはじめて。でも今は群馬、茨城、神奈川、愛知など、全国十数か所につくられています。

「子ども大学かわごえ」では、小学4、5、6年生を対象に「学校とは別のもうひとつの学びの場」として、実際の大学の教室で、大学の先生たちが直接、みんなの「なぜ？」に答える授業をおこなっています。みんなは、児童（pupil）ではなく、学生（student）とよばれています。

学生のみんなは授業を受けながら、新しい発見をしたり新しい「なぜ」を感じたりして、楽しく学び、つぎの学びへ歩みを進めています。授業のやり方は、知識を「暗記する」のではなく、新しい知識に取り組んで「考える」が中心のアクティブ・ラーニング。

その授業のレベルは、大学と同じです。そのため、学生のなかには、むずかしくてよく理解できない人もいます。でも、子ども大学かわごえの学長先生は「先生がなにを伝えたがっているかの1点だけでも理解できれば、その授業は成功です」（→右ページの「大人の方へ」）といっています。

たとえば、このシリーズ3巻の1・2時間目の池上彰先生の授業のなかで1点だけにしぼるとすれば、「戦争を起こさないためにみんなのできることは、世界じゅうに友だちをつくること！（→3巻p16〜17）」。

これは、だれでも理解できることです。そして、この1点だけでもすべての読者が理解できれば、この本も「成功です」。

もっとも、池上彰先生の授業は、1点どころかほとんどを、みんなは理解できるはずです。

なお、このシリーズは3巻で構成し、各巻に4時間分の授業の記録をのせてあります。各巻のタイトルはつぎのとおりです。

1 身近な生活のギモン
2 あたりまえを見直すギモン
3 答えの出しにくいギモン

読者のみなさんも、子ども大学の学生になって、大学の先生の授業をいっしょに受けてください。そして、新しい発見をし、つぎの学びへ歩みを進めてください。

 子どもジャーナリスト　Journalist for Children　稲葉 茂勝

※わたしがこの本のナビゲーターを担当させていただきます。

大人の方へ

「もうひとつの学びの場」「学ぶことが楽しくなる時間」そして「わかるんだという気づきの瞬間」を与えてあげたいという願いから、この大学をはじめました。子どもたちの誰もが持っている「隠れた学びの力（潜在的能力）」「なんでも知りたいという強い関心（潜在的知識欲）」「善くなろうとする力（善さへの力）」を、子ども大学は刺激し、子どもたちの可能性を伸ばすことを目的にしています。ですから、子ども大学は、学びの応援団であり、「知の成長力」をつけるところでもあります。

この子ども大学では、専門家による授業に加えて、外国語教育や国際理解教育などを含む「グローバル教育」をもうひとつの柱にして、子どもたちが楽しく主体的に考えながら、使える能力を身につけるためのアクティブ・ラーニング（AL）を取り入れた学びを実践していきます。

子ども大学は、小学生を対象に授業をおこないますが、大学の教室で、大学レベルの学習をおこないます。子ども大学で学習する子どもたちは学生（スチューデント）で、児童（ピューピル）ではありません。

大学と小学校の授業のあり方で大きく違う点は、既存の知識を「暗記」することではなくて、新しい知識に取り組み「考える」ことです。このため、大学における学習方法は予習をしっかりおこなうと授業がよく理解できて、楽しくなります。

なお、大学の先生の話は時には難解でよく理解できないかもしれませんが、先生がなにを伝えたがっているかの1点だけでも理解できれば、その授業は成功だと考えています。

子ども大学かわごえ理事長・学長　遠藤克弥

この本の見方

それぞれの授業のようすや、テーマと関連する写真・資料を掲載。

この本のナビゲーターのコメント。

プラスワン
本文をよりよく理解するための情報を掲載。

もっと知りたい！
よりくわしい内容や、関連するテーマを解説するページ。

授業のテーマと関連する教科、授業をおこなう先生。

1・2時間目 社会 池上彰

なぜ番組は54分で終わるのか？

1時間目と2時間目の授業は、子ども大学かわごえ客員教授でジャーナリストの池上彰先生が、大学の授業でいう「メディア論」について、連続で担当します。

①テレビの見方を考える

1時間目は、メディア論です。「メディア論」なんて聞くとむずかしそうですが、かんたんにいえば「テレビの見方を考えてみよう」という話です。

わたしは、テレビの仕事をずっとしてきました。NHK（日本放送協会）で32年間、そのあとは民放（民間放送局）でも仕事をしてきています。そこで、テレビというものはどういうものなのか、いいかえれば、社会のなかでのテレビの果たす役割について、また、テレビを見る側のみんなはどのように見ていけばいいのかなど、裏話を入れながらお話しします。でも、この授業はみんなの参加が必要ですので、わたしばかりが話すのではなく、みんなの意見を聞いてみたいと思います。

はじめにこう話した池上先生は、新聞のラジオ・テレビ欄をみんなに見せ、民放の番組Aが夜の8時54分で終わり、そのあとの9時からの番組Bも9時54分で終わって、10時からの番組Cも10時54分で終わることを指摘しました。そして、みんなに「なぜ54分で終わるのだろうと疑問に思ったことはない？」と投げかけました。

気にしたことはありませんでした。

そうなんだね。ふつうはあまり気にしないようだけれど、54分で終わるには、なにか理由があるはずだね。

わかった！ コマーシャルが入るからだ。

なるほどね。ではなぜ54分なの？ 55分ではいけないの？ 56分や53分ではいけないの？ 54分なのは、なぜだと思う？

民放は競争がはげしいから、みんなでなかよくするために、取り決めたのではないですか。

それでも、なぜ54分なの？ こんな中途はんぱな時間っておかしくない？

ニュースを入れなければならないから。

たしかに、その時間帯にニュースが入ることが多いね。でも、54分である必要があるかな？ 54分の説明にはならないよ。

つぎの時間まで長くもなく短くもなく、いろいろ試した結果、その長さがいちばんよいことがわかったんじゃないですか。

おー。54分がコマーシャルにちょうどよいということか。今、みんな、いっしょうけんめい考えてくれたね。こういうことがとても大事だ。それでは、そのひみつをときあかすよ。

じつは「54分がコマーシャルにちょうどよい」というのは、ほぼ正解！ 民放は、みんなも知っているように、コマーシャルを流すことで、その分スポンサー*からお金が入るしくみになっているよ。だから、民放テレビ局としては、なるべくコマーシャルを長く入れたい。でも、みんなは番組を見たいので、コマーシャルが早く終わってほしいと思っている。それで、民放のテレビ局のあいだで話しあった結果、これだけの時間にはこれだけのコマーシャルを入れよう、という約束をした。それは、みんなが考えたとおりだよ。すごいね。でも、なぜ54分になったかについては、ちょっとしたひみつがあるよ。

*広告主となる企業など。

池上先生は、54分のなぞときをはじめます。みんなは「ヘー」という感じできいています。くわしくは、7ページ下にあるプラスワンを見てください。

②はじめてのコマーシャル（CM）

ここまできて、池上先生は、コマーシャルにからめて、日本のテレビの歴史について話しはじめました。

日本のテレビは1939（昭和14）年5月に、NHKが日本初のテレビ公開実験を実施したことにはじまった。でも戦争によって中断され、1953年2月1日ようやく放送をスタート。その年の8月には、民放の日本テレビ放送網（日本テレビ）も本放送を開始し、まもなく全国でいくつもの民間のテレビ放送局ができた。そのなかでCMという考え方、やり方をはじめて取り入れたのは、日本テレビだった。

そのときに、日本テレビはいろいろ考えた。どうしたらテレビ放送を発展させることができるか？はい。手があがったね。

みんなにテレビをタダであげる。

プラスワン
CMとは？

「コマーシャル」は、正式には「コマーシャル―メッセージ」という。これは、民間放送のラジオやテレビで、番組の前後や途中に放送される広告・宣伝をさす言葉。現在では、「コマーシャル」というより「CM」というのがふつう。

1939（昭和14）年8月19日、東京・日本橋で開催された展覧会で一般公開されたテレビの実演放送。多くの人たちが集まった。このことを報じた新聞記事では、テレビは「眼で聴くラヂオ（ラジオ）」と表現されている。（毎日新聞 1939年8月20日付夕刊）
※ 新聞中の表記は、当時の漢字・仮名づかいになっている。

提供：毎日新聞社

街頭テレビを見に集まるたくさんの人たち（1954年）。

写真提供：郵政博物館

そうね、今はテレビは比較的安いよね。でも、当時のテレビの価格は、お父さんたちが働いて得た給料の半年分くらいで、ようやく買えるかどうかだった。そんな高価なものを、みんなにタダで配ったらたいへんだよね。

じつは、答えは「街頭テレビ」。みんなは、この言葉を聞いたことがないかな。

昔はね、駅前の広場にテレビが置いてあって、そこに何千人もの人が集まって1台のテレビを見ていた。そのテレビにCMがうつれば、人びとはそれをいっしょに見ることになる。たくさんの人に見てもらえるなら、スポンサーはお金を出しましょうということになった。

しかも、街頭テレビはずっと立って見ているので、つかれる。多くの人たちが、テレビを自分の家でも買いたいなと思うようになって、みんながいっしょうけんめい働いたよ。すると、たくさんのテレビが売れるようになって、テレビ1台のねだんはどんどん安くなっていったというわけだ。

プラスワン

番組の時間とCMのルール

民放のテレビ局が決めたCMのルールでは、5分以内の番組なら1分、10分以内なら2分、20分以内は2分30秒、30分以内は3分、40分以内は4分、50分以内は5分、60分以内は6分、CMを入れられることになっている。

ところが、60分の番組だとCMは6分しか入れられないけれども、これを55分と5分の番組に分けると、55分番組にはCMを6分入れられ、5分番組にはCMを1分入れられる。つまり、60分番組をふたつに分けると、CMは7分入れられ、1分ながく入れられることになる。そこで、55分の番組と5分のミニ番組をはじめたテレビ局があった。さらに、54分と6分に分ければ、CMは8分入れられる。

こうして、ぎりぎり54分が合理的な分け方だとされ、現在にいたっている。では、6分番組を10本つくったら、2分×10で20分のCMを流せるのか？　いや、CMは総放送時間の18％以内という別のルールがあるので、そうはいかない。

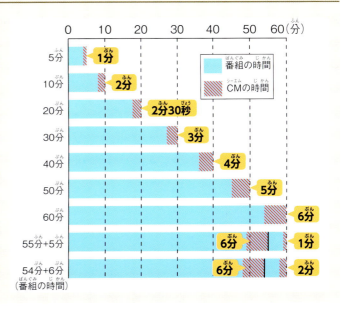

もっと知りたい！

「街頭テレビ」のルーツ

『黄金バット』というアニメが1967（昭和42）年にテレビに登場して、子どもたちの人気をさらいましたが、『黄金バット』は、その30年以上前（1930年ごろ）に紙芝居としてはじまりました。紙芝居は、7ページで見た街頭テレビに似ています。

街頭紙芝居

　1930（昭和5）年当時、日本じゅうの子どもたちが夢中になっていた娯楽といえば、「街頭紙芝居」でした。紙芝居屋さんが、紙芝居セットを自転車の荷台にのせて、まちかどで上演してまわっていたのです。その子どもたちがおとなになり、街頭テレビにむらがったといえます。

　紙芝居を見るには、紙芝居屋さんが売っている駄菓子を買わなければなりませんでした。

　この点、紙芝居は見るほうがお金を出してお菓子を買うのに対し、CMでは、お菓子を売るほうがお金を出すということになります。

　ところで、テレビのない当時、子どもたちは紙芝居をとおして、目の前にくりひろげられる物語の世界に夢中になったものでした。その後、戦争により、紙芝居屋さんは激減してしまいましたが、戦後の苦しい生活のなか、かんたんにできる商売として紙芝居屋をやろうとする人も多くあらわれ、一時期、紙芝居が元気を取りもどしたのです。

　ところが、それからわずか数年後、1953年にはテレビが登場し、子どもの人気を一気にさらっていきました。「動く映像がうつる、夢の箱」の登場に、子どもからおとなまで日本じゅうの人がとりこになり、街頭紙芝居は急激に衰退していきました。

街頭紙芝居に熱中する、当時の子どもたち（1932年）。写真提供：昭和館

最初のテレビと最初の放送

日本で本格的にテレビ放送がはじまったのは1953（昭和28）年ですが、高柳健次郎という人が1926年にブラウン管に映像をうつしだすことに成功していました。「ブラウン管」とは、電子信号を光の映像にかえる装置です。ブラウン管にうつしだされた記念すべきテレビ映像第1号は、「イ」という文字でした。ものごとのことはじめを「いろは」といいますが、高柳がうつしだした「イ」は、まさに「いろは」の「い」だったのです。

しかし、テレビ放送は、その後の戦争で中断。再開したのが1953年でした。

シャープの国産第1号白黒テレビ。
写真提供：シャープ株式会社

戦争中の日本では、「兵隊さんがたたかっているときに、自分だけ楽しんでいてはいけない」という理由で、娯楽とよべるものはことごとく禁止されていました。ところが、子どもたちに大人気だった街頭紙芝居はゆるされていました。紙芝居は、なぜゆるされていたのでしょう？　それは、「戦争に勝つんだ」という意識を子どもたちにも広めるためだったのです。紙芝居を利用して、子どもたちの気持ちを戦争にまきこんだのです。そのため、紙芝居の内容は、『金太郎の落下傘部隊』（落下傘とは、飛行機からとびおりるときのパラシュートのことをさす）など、戦争に関係のあるもので、しかも日本軍の勇ましい姿を見せるものばかりでした。

子どもたちの紙芝居が大すきだという気持ちを利用して、国にとって都合のいい内容を上演していたといえるでしょう。

このあたりの話は、池上先生の「メディア論」と関係するので、ここで紹介しました。

※ 文字は右から左へ読む。
写真提供：昭和館

戦争中につかわれていた紙芝居。
写真提供：昭和館

③視聴率はどうやって調べるの？

「視聴率」とは、かんたんにいうと、全体に対してどのくらいの人がその番組を見ていたかをあらわした数字。視聴率が高いほど、多くの人がその番組を見ていることになります。

でも、実際のところ、視聴率はどのように調査しているのでしょう。池上先生は学生に質問しながら、話を進めていきます。

NHKは受信料を集めて番組がなりたっているね。これは、前で見た「街頭紙芝居」で、お菓子を売ることでお金を得ることと同じだね。NHKには企業のCMはないけれど、民放は、受信料を集めるかわりにCMのスポンサーからお金を集めなければならない。でも、スポンサーはより多くの人が見ている番組にCMを流したいと思うので、問題になるのが、視聴率という数字なんだ！ 視聴率が高い番組ほど、よく見られていることになるからね。視聴率はどうやって調べていると思う？ もちろん、テレビを見ている人全員から調べることはできないね。だって、首都圏には3500万人くらいが住んでいるのだから。じつは、そのなかのある程度の家に視聴率を調べるモニターの器械を置いてもらって、どの番組を見ているかをチェックしてもらっているんだよ。では、3500万人が住んでいるところで、何世帯に視聴率を調べる器械が置いてあるでしょうか？

1000世帯ですか？

それでだいじょうぶかな、3500万人もいるのに。

1万世帯？

50万世帯？

でも、50万世帯に器械をすえつけるのはたいへんだよ。視聴率の器械も、きっと安くないだろうしね。その上、置いてもらった家にはお礼をはらわなくてはいけないし、ものすごくお金がかかってしまうよ。

プラスワン

視聴率は1分きざみで発表

じつは、視聴率という数字は、1分きざみでわかるようになっている。たとえば、番組がはじまった7時の時点では視聴率が7.2%だったが、それからどんどんあがっていく。7時30分になると、ピョーンと視聴率があがり、8時の直前には19.6%までいく。その後、8時から別のテレビ局の人気番組がはじまると、視聴率が落ちる。結果、この番組は、最初が7.2%で最大が19.6%。平均すると15.2%の視聴率となった。これが視聴率というもので、テレビ局の人やテレビの出演者はみんな、視聴率を気にしている。

ここで池上先生が話しはじめたのが、「統計学」という学問の話。子ども大学らしく、ふつうは大学生が勉強する内容を、小学生のみんなに話していきます。
そのようすをまとめてみましょう。

解説1 600世帯で調べる

実際は600世帯*。600世帯で調べると、どれだけ正確な数字がとれるかという問題になります。これには統計学という学問が関係しています。大勢の人たちがいるなかで、何分の1、何千分の1、何万分の1の人を調べれば、その人たちがどんな意見をもっていて、どんな行動をとり、どんなテレビを見ているかなどについて、ほぼ正しい結果が得られるかが研究されています。たとえば、新聞やテレビが「内閣の支持率」を出していますが、日本の人たちが内閣をどれくらい支持しているかを全員に聞くことはできません。これはやっぱり、何百世帯、何千世帯くらいを調べて、大まかな傾向をしめすということです。このときの大事なことに、「スープの味見理論」というのがあります。みんなのお母さんがスープをつくって味見をするとき、なべに入っているスープを全部飲むわけがありません。よくかきまぜて、スプーンでちょっとすくって味見をして、「ちょっと塩味が足りないかしら」などといいます。よくかきまぜれば、たまたまスプーンでひとすくいしただけでも、だいたい全体の味がわかります。これが「スープの味見理論」です。世論調査も視聴率も同じ理論にもとづいて、おおよそ全体の傾向を調べているのです。

解説2 視聴率には誤差がある

3500万人のうち、わずか600世帯だけを調査。当然、実際とは誤差が出てきます。そこで、それぞれの誤差はいったいどれくらいか？ これも統計学の研究対象になります。たとえば、視聴率が10％と出たとします。本当に10％かどうかわかりません。10％の場合、どれくらいの誤差が出るでしょうか？ ±2.4％のなかにとどまる可能性が95％。これは、視聴率が10％というときは、本当は7.6％から12.4％のなかのどこかに入っている確率が95％ということです。視聴率というのは、じつは、これくらいの誤差があるものなのです。だから、ある番組の視聴率が9％、別の番組が11％という場合、11％とったほうが9％の番組よりよかったといっても、統計学的に見れば、あまり意味がないことになります。けれども、人間とはふしぎなもので、9.9％と10.1％だと、10.1％とったほうがうれしくなります。よく考えてみると、誤差の範囲内だから、あまり意味はありません。それでもテレビ関係者は、視聴率のためにいっしょうけんめい仕事をしているのです。

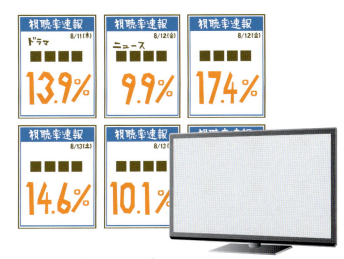

* 2016年10月からは、900世帯。同時に、録画での視聴をふくめた視聴率（「タイムシフト視聴率」という）も調べられるようになった。

④視聴率が高いとテレビ局の収入もふえる

休憩時間をはさんで、2時間目。ここから池上先生は、「なんで視聴率、視聴率というのだろうか。もちろん視聴率の高い番組をもっているテレビ局のほうが収入が多くなる。でも、こうしたしくみはどのようにしてできたのかな？ じつは、少しむずかしいけれど、GRP*という話をしよう」と、まさに大学生相手のような話をはじめます。

*GRPは、「グロス・レーティング・ポイント」のこと。英語で、Gは「全体（Gross）」、Rが「視聴率（Rating）」、Pは「ポイント（Point）」を意味する。

ある番組があります。その番組のスポンサーは、たとえば1時間（54分）番組なら安くても4000万円。視聴率が高ければ5000万円以上のお金を出すことになる。でも局は、それ以外にもスポット広告があって、お金をかせぐようになっている。「スポット広告」というのは、番組と番組のあいだに入れるCMのことだよ。このときに、GRPの方式が問題になる。少しややこしいので、整理してみるね。

プラスワン

テレビ局がもうかるしくみ

「うちのCMは、1000GRPでお願いします」などという話が出ることがある。この1000GRPという数字は、視聴率20％の番組で、CMを50回入れることを意味する。視聴率が10％だったら1000にするには、100回放送しなければならない。すなわち、視聴率が低い番組は、視聴率が高い番組より同じ広告を多く流さなければならない。

仮に1000GRPを1億円と決めた場合、視聴率10％なら100回放送して1億円だが、20％の視聴率の番組は50回放送するだけで1億円。すると、残りの50回はほかの会社のCMを流すことができて、別の収入が得られる。こういうしくみなので、視聴率の高い番組をもっているテレビ局がもうかることになる。

視聴率		放送回数		
20％	×	50回	=	1000GRP
10％	×	100回	=	1000GRP

つぎに池上先生の話は、視聴率が高いからといって、それが本当によい番組かというと、必ずしもそうではないという話にうつります。池上先生は、具体的な番組名をあげて話しました。

『世界一受けたい授業』という番組があるよね。これは、とてもおもしろいし、見ていてためになるし、視聴率も高い！ でも、そうじゃないものも多いよ。なかには、あまりにもバカバカしくて、だれがこんなの見るのだろうとうたがいたくなる番組もある。そういう番組はすぐ終わってしまうね。いちばんこまるのが、ためにならないけれど、おもしろいし視聴率も高いという番組だよ！ 視聴率があるから、なかなか終わらない！

じつは、テレビをつくる側でも、こういう番組が本当によいのだろうかと、いつも議論になっているよ。テレビ局で番組をつくっている人たちも、視聴率が高くても、あまりにバカバカしいものはつくりたくない。たとえみんながおもしろいといってくれていても、いつもなやんでいるのです。

なぜ番組は54分で終わるのか？ 社会

● 関東地区　視聴率ランキング 2018年7月23日（月）～7月29日（日）（調査対象数：900世帯）

ジャンル	番組名	放送局	放送日（年／月／日）	放送開始-分数	番組平均世帯視聴率(%)
報道【関東地区】	NHKニュース7	NHK総合	2018/7/28(土)	19:00-30	19.8
	スーパーJチャンネル	テレビ朝日	2018/7/28(土)	16:30-90	18.4
	ニュース	NHK総合	2018/7/28(土)	12:00-20	17.5
	NHKニュースおはよう日本	NHK総合	2018/7/29(日)	7:00-40	15.9
	NHKニュースおはよう日本	NHK総合	2018/7/28(土)	7:30-30	15.4
	ニュース645	NHK総合	2018/7/28(土)	18:45-15	15.3
	ニュース・気象情報	NHK総合	2018/7/28(土) 2018/7/29(日)	20:45-15	13.7
	NHKニュースおはよう日本	NHK総合	2018/7/28(土)	6:30-30	12.9
	週刊まるわかりニュース	NHK総合	2018/7/28(土)	9:00-30	12.8
教育・教養・実用【関東地区】	サンデーモーニング	TBS	2018/7/29(日)	8:00-114	17.6
	人生の楽園	テレビ朝日	2018/7/28(土)	18:00-30	17.1
	さわやか自然百景	NHK総合	2018/7/29(日)	7:45-15	14.2
	新・情報7daysニュースキャスター	TBS	2018/7/28(土)	22:00-84	13.8
	ぶらり途中下車の旅	日本テレビ	2018/7/28(土)	9:25-65	12.9
	真相報道バンキシャ！	日本テレビ	2018/7/29(日)	18:00-55	12.6
	ウェークアップ！ぷらす	日本テレビ	2018/7/28(土)	8:00-85	11.7
	名医とつながる！たけしの家庭の医学3時間SP	テレビ朝日	2018/7/24(火)	19:00-168	11.6
	満天・青空レストラン	日本テレビ	2018/7/28(土)	18:30-30	11.6
ドラマ【関東地区】	連続テレビ小説・半分、青い。	NHK総合	2018/7/28(土)	8:00-15	22.8
	土曜プレミアム・コード・ブルー特別編・もう一つの戦場	フジテレビ	2018/7/28(土)	21:00-130	13.5
	火曜ドラマ・義母と娘のブルース	TBS	2018/7/24(火)	22:00-67	12.4
	刑事7人	テレビ朝日	2018/7/25(水)	21:00-54	12.4
	木曜劇場・グッド・ドクター	フジテレビ	2018/7/26(木)	22:00-54	11.6
	木曜ドラマ・ハゲタカ	テレビ朝日	2018/7/26(木)	21:00-64	11.3
	木曜ミステリー・遺留捜査	テレビ朝日	2018/7/26(木)	20:00-54	11.2
	西郷どん	NHK総合	2018/7/29(日)	20:00-45	11.1
	絶対零度・未然犯罪潜入捜査	フジテレビ	2018/7/23(月)	21:00-54	10.8
アニメ【関東地区】	サザエさん	フジテレビ	2018/7/29(日)	18:30-30	10.7
	名探偵コナン	日本テレビ	2018/7/28(土)	18:00-30	8.7
	ちびまる子ちゃん	フジテレビ	2018/7/29(日)	18:00-30	8.2
	クレヨンしんちゃん	テレビ朝日	2018/7/27(金)	19:30-24	7.9
	ドラえもん	テレビ朝日	2018/7/27(金)	19:00-30	7.2
	ワンピース	フジテレビ	2018/7/29(日)	9:30-30	5.4
	ゲゲゲの鬼太郎	フジテレビ	2018/7/29(日)	9:00-30	4.8
	僕のヒーローアカデミア	日本テレビ	2018/7/28(土)	17:30-30	4.5
	HUGっと！プリキュア	テレビ朝日	2018/7/29(日)	8:30-30	3.7
その他の娯楽番組【関東地区】	世界の果てまでイッテQ！	日本テレビ	2018/7/29(日)	19:58-56	21.5
	行列のできる法律相談所	日本テレビ	2018/7/29(日)	21:00-54	17.4
	笑点	日本テレビ	2018/7/29(日)	17:30-30	17.3
	チコちゃんに叱られる！	NHK総合	2018/7/28(土)	8:15-45	16.4
	ザワつく！一茂良純ちさ子の会	テレビ朝日	2018/7/25(水)	20:00-54	15.0
	ザ！鉄腕！DASH！！	日本テレビ	2018/7/29(日)	19:00-58	13.8
	マツコの知らない世界	TBS	2018/7/24(火)	20:57-63	13.5
	VS嵐夏休み3時間SP	フジテレビ	2018/7/26(木)	19:00-174	13.5
	世界一受けたい授業	日本テレビ	2018/7/28(土)	19:56-58	13.4

出典：ビデオリサーチ調べ／関東地区世帯視聴率

⑤スポンサーに気をつかう番組づくり

テレビ局は、お金を出してくれるスポンサーに気をつかっているといいます。どういうことでしょうか。

池上先生が、あまり知られていない、スポンサーと番組の内容との関係について話してくれました。

解説1 番組に登場する自動車

テレビ番組をつくるには、スポンサーが必要です。でも、そのスポンサーに対して、局はさまざまな点で気をつかわなければなりません。CMが多い番組ほど、いろいろな問題が生じてきます。

たとえば、自動車会社がスポンサーになっている刑事ドラマの場合、自動車事故のシーンは出てきません。なぜなら、自動車会社は「自動車は安全だ」としているからです。

かつて『西部警察』という大人気刑事ドラマがありました。この番組は、日産自動車がスポンサーでした。そのため、西部警察の刑事たちが犯人を追いかける車は、かならず日産の最新の車！　一方、犯人が乗ってにげる車は、絶対に日産の車ではない。

また、生命保険会社がスポンサーになっているサスペンスドラマでは、保険金殺人事件というのは絶対起きないんですね。

これらは、局がスポンサーに遠慮した結果、生じたできごとです。もちろん、スポンサーのほうから局に対して、はっきりと自分たちに有利な内容にするように働きかけることもあります。

●テレビ番組をつくるしくみ

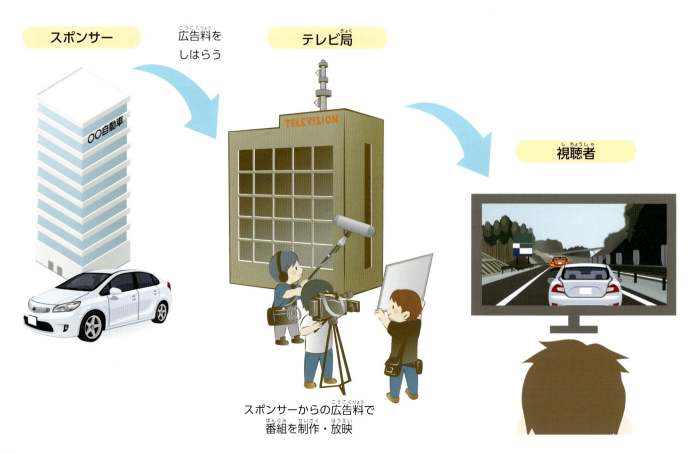

解説2　恋愛ドラマの場合

　恋愛ドラマで、人気俳優でラブストーリーをつくろうとするとします。だいたい人気俳優は、携帯電話の広告に出ていたりします。ある人気グループが携帯電話会社ＡのＣＭに出ている場合、そのグループのメンバーと携帯電話会社ＢのＣＭに出ている女優との恋愛ドラマは、絶対に成立しないのです。

　また、ある会社のＣＭに出ると、ほかの会社のＣＭには出られないということもあります。そんな場合、その人気俳優に対して、ほかのＣＭに出るなという分、その会社のＣＭの報酬は高くなるといいます。

解説3　旅番組では

　タレントさんが旅をして、宿にとまったり、温泉に入ったり、おいしいものを食べたりする旅番組がありますね。たとえば、飛行機に乗って旅へいくという番組では、飛行機が離陸するシーンがずっとテレビにうつっているということがあります。じつは、タレントとスタッフの飛行機代を、その航空会社が出しているからなのです。

　「この旅館にとまりましょう」というシーンでは、カメラがタレントを追っていくと、旅館の名前が画面いっぱいになって見えることがあります。これは、その旅館にとってとてもいい宣伝になります。こういう場合、スタッフの宿泊代をその旅館がすべて無料にしていることもあるといわれています。

　また、旅番組では、とてもおいしそうなごちそうがいっぱいならぶ旅館も登場します。テレビを見た人たちが、あんなおいしそうなごちそうが出る旅館ならいってみたいと思って、実際にいってみると、ぜんぜんちがっていたという話もよくあります。テレビに紹介された旅館にしてみれば、タレントさんがきて、テレビでそれをうつしてくれるとなれば、いっしょうけんめいになるものです。みんなの家でもお客さんがくれば、お母さんはたくさんのごちそうをつくるのと同じです。旅館はうそをついたわけではないのだけれど、結果的には、テレビを見ている人の「かんちがい」をさそうことになるわけです。

もっと知りたい！

NHKは国営放送か？

テレビ局には、民放以外にNHKもあります。NHKとは、どんな組織なのでしょう。

NHKのはじまり

NHKを国営放送だと思っている人がかなりいます。ある調査によると、国営放送だと思っている人が、6割くらいいるといいます。

NHKは、国営放送ではありません。もし国営放送なら、そこで働く人は国家公務員ということになりますが、そうではありません。では、NHKは、どういう組織なのでしょう。ズバリ、NHKは、特殊法人という会社です。「N（日本）H（放送）K（協会）」です。

NHKの放送のはじまりは1925（大正14）年のラジオ放送からでしたが、当時は「東京放送局」という名前でした。最初にラジオ放送をはじめるときに、東京都内でラジオをもっている家が50数軒しかありませんでした。そんな時代に、国民の税金をつかってラジオ放送を流すことが、ゆるされたでしょうか。その当時の日本の人口は8000万人くらいでしたから、たった50数軒の人がラジオをきくために、国民の税金をつかうわけにはいきません。

そこで、「ラジオをもっていて、ラジオをきくことができる人は、聴取料をはらってください。そうすれば、放送局がそのお金で番組をつくります」ということではじまったのが、東京放送局でした。その後、だんだんラジオをきく人数が多くなって、ラジオがどんどんふえていきました。

こう見てくれば、東京放送局→NHKが、国営ではないことがわかるはずです。

特殊な会社

それでもNHKは、特殊な会社です。なぜなら、みんなから集めたお金で番組をつくることなどが、「放送法」という法律によって決められているからです。NHKのような、法律でいろいろなことが決められている会社を「特殊法人」といい、そこで働く人は団体職員とよばれます。

ラジオをきく人は時代とともにどんどんふえていき、スポンサーがお金を出して番組をつくる民放もはじまりました。こうして、ラジオは第二次世界大戦以前から、戦後のテレビと同じような状況になっていたのです。

テレビをもつ人は、最初はみんなNHKにお金をちゃんとはらっていました。ところが、そのうちに民放がどんどん出てくると、民放は受信料をとらないので、NHKを見ていないのに受信料をはらう必要があるのかと、疑問をもつ人が出てくるようになりました。

さらに、近年では、WOWOW[*1]のように、お金をはらった人だけがテレビを見られるしくみができ、なぜNHKにお金をはらわなければならないのかという人も多く出てきました。

かつては、だれもNHKにお金をはらうことを疑問に思わなかったのですが、今はそうでもありません。そこで、最近では、「こんなにすばらしい番組をつくっているのだから、お金をはらってもいい」とみんなに思ってもらえるように、NHK側はいっしょうけんめいに番組をつくっているといいます。

[*1] 日本の有料の放送局のひとつ。1984年に日本初の民間衛星放送会社として設立された。国内外の映画を中心に配信している。

⑥テレビを見なくなった！

近年、日本人は、NHKの番組であっても民放の番組であっても、あまり見なくなってきています。その大きな原因は、インターネット。みんながインターネットに夢中になっていて、テレビを見る時間が少なくなっているといわれています。

解説1　大きな曲がり角にきたテレビ局

昔は、視聴率20％、25％、30％ぐらいの番組がたくさんありましたが、今はほとんどありません。視聴率が15％までいけば、その番組は大成功といわれるほどです。

最近では、YouTube*2やニコニコ動画*3などで、みんなが自分でつくった番組をそのまま多くの人に見てもらえるようになってきました。しかも、そのほうがテレビよりもおもしろいという人たちがふえてきて、テレビを見ないという人がどんどんふえてきました。

こうした状況のなか、テレビ局は、このままではやっていけないのではないかと、危機感をもつようになりました。一言でいって、テレビ局は今、大きな曲がり角にきているのです。

*2 2005年にアメリカで設立された、動画共有サービス。だれでも無料で、動画を投稿・閲覧することができる。
*3 日本のIT企業のドワンゴが運営する動画共有サービス。2007年にサービスを開始した。

解説2　視聴率をあげたい一心で！

この本の15ページでは、旅館へいくとテレビで見たようなおいしいごちそうが食べられるのではというかんちがいについて書きましたが、それと同じようなかんちがいが、テレビを見ている人に多く起こっています。

たとえば、少し前のことですが、納豆を食べるとダイエットになるという話がありました。「納豆ダイエット」とよばれました。そして、納豆を食べるとダイエットになるという番組が放送されたつぎの日には、スーパーマーケットの店頭から納豆があっというまに消えてしまいました。でも、食べないならダイエットになるというのはわかりますが、カロリーがあるものを食べてダイエットになるなんておかしいと、少し考えればわかるはずです。まもなく、納豆ダイエットはうそだと判明！

テレビを見る人がどんどんへっている時代。見ている人がこのようなかんちがいを起こす可能性のある番組をつくることのないように、テレビをつくる側、放送する側の人たちにはお願いしたいところ！　視聴率をあげたい一心でおもしろければいいというような番組をつくられたら、見る側はたまりません。

もちろん、見る側は、かんちがいを起こさないように、自分の頭でよく考える力をつけることが必要ですが……。

解説3 メディアはいい加減!?

テレビ、新聞、ラジオ、これら全部をまとめてメディアといいます。メディアというのは、むずかしい言葉でいうと媒体といいますが、「媒体」は、情報を伝える仲立ちをするものです。そのメディアがいっていることは本当なのかな? と考えて、それを読みとく力をリテラシーといいます（くわしくは右ページ）。

たとえば、かつてのぼくについての報道です。2011年1月、「この3月でテレビのレギュラー番組をやめます」というニュースが流れました。すると、「東京都知事選挙に出るらしい」という話がぱっと広がり、スポーツ新聞やインターネットのニュースでは、「池上が東京都知事選挙に出馬」と書かれた記事が続出! そういううわさが出たら「本当ですか?」ときいて確認するのが当然ですが、そうしたメディアからはぼくのところにいっさい取材はきませんでした。

さすがに大手新聞社の毎日、読売、朝日、東京新聞やNHKなどは確認にきて、出馬しないことがわかったので、そのことは報道しませんでした。でも、取材もせずに勝手に「出馬するらしい」と、いい加減に書いたメディアは多かったのです。

新聞やテレビなどの大きなメディアはちゃんと取材をするが、小さなメディアはしない、ということではけっしてありませんが、しっかり取材しないところもあるのです。

メディアといえば、現在では、インターネットがメディアの役割を果たしています。「インターネットニュース」は、まさにメディアです。しかし、インターネットに情報を発信できるのは、大きな組織や会社だけではありません。個人でもかんたんに情報発信できるので、まちがった情報が流れることもあります。

（この授業は、2011年2月12日に、子ども大学かわごえでおこなわれたものです。）

もっと知りたい！

メディアリテラシー

「リテラシー」とは「読み書きの能力」のことですが、「メディアリテラシー」とは、どのような能力のことをいうのでしょう。

3つの能力

「メディアリテラシー」とは、つぎの3つの能力のことだといわれています。

① メディアが発信する情報を、批判的に読みとき、メディアが現実にどう影響しているかを理解する能力。

② メディア機器を自分のものとしてつかいこなす能力。

③ メディアをつかって、コミュニケーションをおこなう能力。

※ ②③には、パソコンで、Eメールのやりとりをしたり、インターネットをつかったり、自分のホームページをつくって情報を発信したりということがふくまれている。

このなかで、この授業で考えてきたのは①の能力のこと。池上先生は、みんなも①の能力を身につけていかなければならないといっています。

現在は、さまざまなメディアから、多量の情報をかんたんに得られる時代です。その反面、情報には、質が高いものもあれば、低いものもあります。その差は、かなり大きい！　まちがった情報もたくさんあります。うその情報にだまされないようにすることは、そうかんたんではありません。

とくにインターネットの検索画面には、政府が発表する情報もあれば、個人が勝手に発信したものもあり、それらが同じように表示されています。こうしたなか、正しい情報を選ぶ力、さまざまな情報をうのみにすることなく、批判的に見て、みずからの頭で考えて判断する力が、みんなに求められているのです。

そして、そうした力を「メディアリテラシー」といいますが、メディアリテラシーを身につけるには、日ごろからの訓練が必要なのです。

「批判的に考える」と「批判する」とはちがう

「批判する」ということばは、人物、行為、判断などについて、その価値や能力などを評価することで、ふつう否定的な内容のものをいう場合につかいます。それに対して、「批判的に考える」ことの目的は、あくまでも「考える」ことです。批判的になることで、より深く考えていこうというわけです。

つまり、メディアリテラシーは、メディアから発信された情報に対して、批判的に考えることで、みんなにとって、不適切だったり、有害だったりするような情報に、影響されないようにしようとすることです。

メディアリテラシー的な見方ができるようになれば、この本のもうひとつの目的は達成されたことになるでしょう。

3時間目 数学 吉野隆

なぜハチの巣は六角形なのか？

3時間目は、東洋大学理工学部准教授の吉野隆先生の「なぜハチの巣は六角形なのか？」というタイトルの授業です。

吉野先生は、みんなに「つめ方数学」について知ってもらいたくて、「なぜハチの巣は六角形なのか？」から話をはじめました。

①プランクトンから宇宙へ

みなさん、こんにちは。今日の授業は「つめ方数学」だよ。みんなは「なにそれ？ 聞いたことない！」って思うよね。かんたんにいえば、なにかにものをつめるとき、つめ方によって、どれだけつめられる個数がちがってくるかを研究する学問のことだよ。今回は、このことについて、ハチの巣が六角形であるわけと関連させて考えていこう。でも、本当のことをいうと、わたしは、なぜハチの巣が六角形なのか知らないよ。

だって、ハチにきいたことがないからね。だから、わたしは、それがなぜかを研究してきたんだ。学問って、そういうものなんだよ。ところで、みんなはプランクトンって、知っているかな？

水中にいる小さい生物。

そうだね。水中や水面にういて生活している、目に見えないくらい小さな生物をまとめて「プランクトン」とよんでいるね。わたしは、プランクトンの骨格がどうなっているのかを調べているんだよ。それを調べて、その成果を、宇宙船などの宇宙でつかうものの設計にいかしたい。宇宙にとばすことによって、もう一度見えないくらいに小さくしてしまうということです。

 先生、よくわかりません。

 とくに「宇宙にとばすことによって、もう一度見えないくらいに小さくしてしまう」って、どういうことですか。

そうだよね。目に見えないくらい小さなプランクトンと、想像できないくらい大きな宇宙って、なんとなくわからないかな？
人間にとって、プランクトンはすごく小さい。宇宙船も、宇宙全体から見れば、ものすごく小さい。その関係をいってみたかったんだよ！ わたしが数学でプランクトンの骨格を研究してわかったことを、人類が宇宙でつかおうとするものの構造に役立てようとしているということだけは、わかってほしいな。

 はい、よくわかりました。

わかった。それが六角形なんだ！

そう、これまでの研究では、六角形という形が、非常に重要だとわかっているよ。六角形も、三角形、四角形と同じく、ひとつの形だね。今日は、わたし自身が学んできたことのごく一部を、みんなに伝えたい！

プランクトンと宇宙というなぞめいた話からはじめた吉野先生は、江戸時代から400年ものあいだ答えがわからなかった、ある数学の問題について話しはじめます。

まず、みんなにクイズを出すよ。

「1円玉20枚を平面にすきまなくならべるなら、どのようにならべるのがいいかな？すきまをいちばん小さくするように！」

う〜ん。でも、きれいにならべたとしても、列をずらしたほうが、すきまは小さくなると思うよ。
ほら見てごらん。

じつは「つめ方数学」では、1枚の1円玉のまわりに6枚の1円玉をならべたときが、1円玉と1円玉のあいだのすきまがいちばん小さくなることが、すでにわかっているよ。

このつめ方で、20枚全部を組みあわせるんだよ。
でも、このことは最近まではわからなかったんだ。これがいいんじゃないかくらいはわかってはいたけれど、正しく数学で証明できなかったんだよ。なんと、はじめて証明できたのは1950年代です。これは「等大円の最密充填構造」とよばれているよ。

プラスワン

ストローの束で実験

①ストローの束をばらばらにしてから軽くにぎると、ストロー1本ずつがたがいにいちばん近くなろうとして、21ページの1円玉と同じ配置になる。

②それをギュッとにぎって、ストローの穴をのぞいてみる。すると、ストローの穴が、六角形をならべたハチの巣の形のように見える。

吉野先生は、みんなにプラスワンの実験をやってもらったあと、「正六角形はすきまなくくっつくということ」と、「つぶそうとする力に対し、いちばん強い構造であること」という結論をしめしました。そして最後に、「ハチはそのことを知っているのかもしれないね」と話しました。

②身のまわりの六角形をさがそう！

わたしたちの身のまわりにも、たくさんの六角形を見つけることができます。えんぴつ、雪の結晶、サッカーボールのもよう、カメのこうら……。そして、吉野先生はみんなにパネルを見せます。

みんな、パネルを見てごらん。これは石の断面にあらわれる六角形で、「柱状節理」というよ（石の写真参照）。地下のマグマが急に冷えてかたまると、こういう形になるよ。熱いものやドロドロとした石を急に冷やすと、この形をつくるんだ。

ほかの例だと、海岸のがけにできる六角形。地形学では「ハニカムストラクチャー（ハチの巣構造）」という。がけの表面にできたへこみに小石が入り、風にふかれるたびに小石が転がって、かべをけずってできる六角形だよ。

それからみそ汁にも六角形ができるよ。

静岡県下田市（伊豆半島の南部）の海岸で見られる柱状節理。
※ 写真は、授業で実際につかったパネルとは別のもの。

なぜハチの巣は六角形なのか？ 数学

みそ汁って液体でしょう。六角形？　わかりません。

あたたかいみそ汁の表面には、モワモワッとした六角形がうかんでくるんだ。これは液体を下からあたためたり、上から冷やしたりすると、上下で温度の差が生まれることでできる現象だ。これを「ベナール対流」というよ。それが、おわんのなかでみそ汁にモワモワッモワァと見えてくる。その形が六角形なんだ。
では、もうひとつ考えてみよう！

「えんぴつはなぜ六角形なのかな？」

転がりにくくするため。

もちやすくするため。

箱につめやすくする。

> 六角形のハチの巣の話から、吉野先生の話はほかの多角形に展開します。「正多角形」について、すべての辺の長さが等しく、すべての内角の大きさが等しい多角形であると説明した上で、正多角形で「つめもの」をすることを考えます。

ハチの巣からわかるとおり、正六角形はすきまなくならぶことができるね。でも、ほかにも、すきまなくならぶ正多角形があるよ。

正方形！

そう、正方形。
そして、正三角形だ。
ところが、五角形、七角形、八角形、九角形は、すきまなくならべることはできないよ。

へぇ？　そうなんですか。

ところで、この写真を見てごらん。なにかわかる？

ヒマワリ。

そうだね。みんな、ヒマワリの種をよく見てごらん。どのようにならんでいるかな？

ぎっしりつまっている。

そのとおり。ハチの巣のようにすきまなくつまっているね。ヒマワリの種は、内側から外側にらせん状にならんでいる。この種の状態も、じつは「つめ方」の研究のひとつとしてあつかわれてきたんだよ。もう少しくわしくいうと、ヒマワリは、中心の1個の種から、少し外側にずらしながら、137.5度ずつ回転させた位置に2個目、3個目、4個目、5個目と種をつくっているんだよ。そうすることで、すきまなくぎっしり種をならべられるんだ。この点は、あとでもう一度、話をするね。

23

授業は、このあと、ヒマワリの種のならび方から「黄金比」という話にうつっていきます。子ども大学らしく、大学生に対して教えるような内容です。

③自然界の決まった数字

吉野先生は、みんなにふしぎなもようをえがいたプリントを2枚配って、そのうちの1枚の下の部分を先生の指示にしたがって、はさみで切りとるようにいいました。

みんなが切りとった部分の角度は、137.5度だよ（プリント①）。この角度にひみつがあるよ。切りとった紙を、もう1枚のプリント（②）の上に、図のように中心にあわせて、少しずつ外側へまわして移動させながら点を打っていってごらん。もようは、どうなるかな？

あっ、137.5度から少しでもずれてしまうと、もようがかわるみたい。

そうだね。もようがかわるということは、種がくっつかなくなることをあらわしているんだ。これまでの「つめ方数学」で、137.5の角度をもってならんでいるときは、もっともすきまなくならぶことがわかってきたんだ。

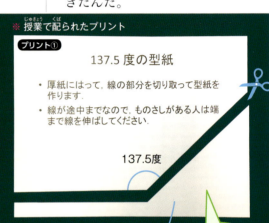

※ 授業で配られたプリント

プリント①
137.5度の型紙
- 厚紙にはって、線の部分を切り取って型紙を作ります．
- 線が途中までなので、ものさしがある人は端まで線を伸ばしてください．

137.5度

こちらをつかう

プリント②
コンピュータに円を描いてもらう

つぎに打つ点は、左側の線と、最後に打った点のひとつ外側の円との交点

型紙のへこみを円の中心にあわせる

最後に打った点を右側に

できあがり
円の間かくによって異なるもようになりますが、がんばれば下の図のようなもようがかけます。

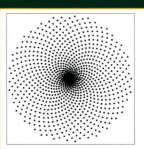
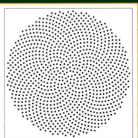

● ヒマワリの種のかき方
① 自分で決めた間かくで同心円（中心が同じで、半径が異なる円）をかく。この間かくを調整するともようがかわる。外側をつまり気味になるようにすると本物っぽくなる。
② 点を打つたびに手製の枠をつかって137.5度回転した方向を見つける。
③ その方向にある、ひとつ外側の円に点を打つ。

なぜハチの巣は六角形なのか？　数学

> 吉野先生の話に、みんなはポカーンとしていますが、ここでヒマワリの種のならび方についての話にもどります。

ヒマワリは、種を内側から外側にむかってだんだんつけていくんだ。内側の種が先に大きくなってふくらむときに、外側の種がじゃまにならないように場所をとらなくてはならない。すると、ヒマワリは外側におしだされながら、同時になるべくぴったりつまる形を見つける！　その角度が、前で見た137.5度。じつは、137.5度というのは、円（360度）を、黄金比（→プラスワン）で大小ふたつに分けたときの小さいほうの角度なんだ。その137.5度と大きいほうの222.5度の比率こそ、黄金比なんだよ。

さて、わたしの授業はこれでおしまいだけれど、さすがにむずかしかったよね。みんなの顔を見ているとわかる。でも、わたしの話の一部でもわかって、みんなが「つめ方数学」とか、自然界のふしぎに興味をもってくれれば、それでいいよ。この点は、子ども大学の考え方のとおりだよ（→p2）。今日は、ありがとう。

プラスワン

自然界と黄金比

自然界には、ふしぎなことがいっぱい。自然界では、137.5度という角度がいろいろなところで見られる。たとえば、まっすぐのびる植物の茎からは、図①のように葉っぱが137.5度ずつずれながら順番に出ている。マツボックリにも137.5度が見られる（図②）。

自然界の動植物は、生きのこるためにいろいろなくふうをしている。137.5度という角度で茎から葉を出すのは、前の葉っぱをかくさず、太陽の光をより多く受けられるようにするためだと考えられている。

このように、自然界のさまざまなものを数学で研究することがさかんにおこなわれている。現在では、さまざまな動植物（人類もふくむ）に「黄金比」とよばれるふしぎな比率が見られることが知られてきた。「黄金比」とは、「一つの線分を二つの部分に分けるとき、全体に対する大きな部分の比と、大きな部分に対する小さい部分の比とが等しくなる分け方。大と小との比は約1.618対1で、古代ギリシャ以来最も調和的で美しい比」（大辞林）とされている。

たとえば、黄金比はオウムガイに見ることができる。図③のように、縦と横が黄金比の長方形から正方形をとっていき、正方形の1辺の長さを半径にした円の4分の1の円周をかいていくと、きれいならせんがあらわれる。オウムガイのからが、この形をしているのだ。

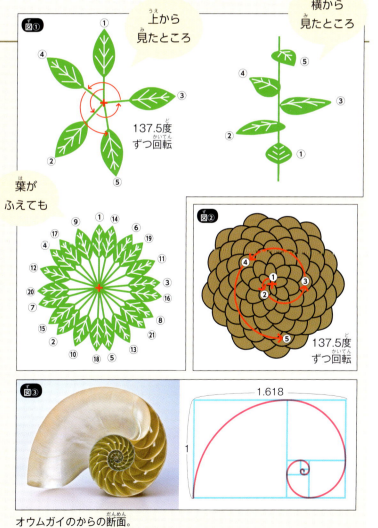

オウムガイのからの断面。

（この授業は、2010年2月20日に、子ども大学かわごえでおこなわれたものです。）

25

4時間目　スポーツ科学　川田裕次郎

運動神経って、なに？

> 4時間目は、東京未来大学こども心理学部専任講師の川田裕次郎先生の「運動神経って、なに？」という授業です。
> 川田先生は小さいときは体が弱かったそうです。

①運動神経のよい人とは？

みなさん、こんにちは。わたしは2、3歳くらいのとき、とても病弱で、3日に1度くらい病院にいっていました。でも、スポーツをするようになって体調がかわり、ちょっとやそっとでは、へこたれない精神力もついたよ。自分にとって、スポーツとの出会いが自分をかえてくれたので、「なぜスポーツってこんな力があるんだろう」と、スポーツのふしぎな力に興味をもつようになったんだ。

結局、今、大学の先生をしているわけだよ。さて、「運動神経」とよくいうけれど、どういうことかな？　運動神経のいい人というのは、どんなとくちょうがあるかな、みんなどう思う？

足がはやい。

そうだね。たしかに、運動神経がいい人は足がはやいというイメージがあるね。

運動をよくする人や力が強い人。

ほぼ正解だよ。運動神経がいい人というのは、ひとつは動きがすばしっこい、はやいということがあげられるよ。ふたつ目に、身のこなしがいい、なにをやっても自分の体を自分の思ったとおりに動かせるということがあるね。ほかには、ボールさばきがいいとか。サッカーをやっていて運動神経のいい人は、足にボールがすいついているような感じがする。自分の体の一部のようなボール、そんな感じがするね。

> 授業のはじめにこのような話をした川田先生は、「運動神経」は別の言葉で「コーディネーション能力」ということを知らせたのち、「コーディネーション能力」の一部をはかってみるといって、みんなと「リアクション・ジャンケン」というゲームをおこないました。

これは、ジャンケンの結果を瞬間に判断して、それに対して正しく反応できるかどうか、すなわち「反応能力」を調べるためのゲームだよ。

人によって、すぐに反応できる人もいれば、一瞬止まってから反応する人もいるね。

● リアクション・ジャンケンのやり方

- 1列にならび、はしの人から順番に1、2、3、4と番号をいう。
- 4番までいったら、横の人は1番にもどる。
- 1、2、3、4、1、2、……となり、みんなは、1から4のどれかになる。
- つぎに、1と2の人、3と4の人がペアとなり、むかいあって、左手で軽く握手し、右手でジャンケンをする。
- ジャンケンに勝った人は、負けた人の左手をにぎる。負けた人は、にぎられる前に手をふりきってにげる。
- これを3回戦やる。
- 3回戦が終わったら、つぎは、負けた人が手をにぎり、勝った人がにげる。これも3回戦する。

解説1 ▶ コーディネーション能力の測定法

コーディネーション能力は、つぎの7つの能力からなるといわれています。

①定位能力	体を動かしたあと、もとの位置（定位）にもどる能力で、場所、位置関係を把握する能力。
②変換能力	状況にあわせて動作をすばやく切りかえる能力。
③連結能力	運動と運動を組みあわせる能力。たとえばドッジボールをやるときに、走りながら投げるように、「走る」と「投げる」といった別の運動を組みあわせる能力。
④反応能力	なにかに対してはやく反応する能力。
⑤識別能力	手や足で用具を精密に操作する力。
⑥リズム能力	動きをまねしたり、イメージを表現したりする能力。
⑦バランス能力	不安定な姿勢にならないように、体のバランスをたっていられるようにする能力。

① 定位能力をはかる

- 手をのばして、横の人にぶつからないようにならぶ。自分の足の下に3cmほどのビニールテープをはる。
- ビニールテープをまんなかにして立つ。
- そこで、足ぶみをする。1、2、1、2、1、2……。
- つぎに、両方の手をまっすぐ前にのばし、足ぶみ。1、2、1、2、1、2……。
- 今度は目をとじて足ぶみ。自分のいる場所から動かないように、およそ30秒間足ぶみ。

30秒間足ぶみしたら、目を開ける。すると、どっちをむいている？ ビニールテープをはった場所にちゃんといる？
この結果、あまりかわらない人もいるし、自分は絶対にずれていないと思っていても、ぜんぜんちがう方向をむいている人もいる。自分の感覚というのは、目をとじてしまうと、かなり落ちてしまう。感覚のするどい人は、目をとじたとしても、ずっと同じ場所でいることができる。これが「定位能力」だ。

② 変換能力の判断

たとえば、ドッジボールで、後ろをむいてにげたら当てられるので、前をむいたまま後ろにさがって守りの態勢をとる。自分や仲間がボールを取ったら、すぐに攻撃の態勢に入る。その切りかえの動作がはやくできるかどうかで判断できる。バスケットボールでも同じ。ボールを取ったら、ゴールにむかってせめていく。シュートが外れたり、ボールが相手にわたったりした瞬間、切りかえて守りに入る。これがすばやくできるかどうかで判断できる。

③ 連結能力を調べる

- 何人かが横に手がぶつからないところに立つ。そして、足と手の運動を組みあわせてできるかどうかを試す。
- 足でグーパーをおこなう。グー、パー、グー、パー……。
- つぎに、足のグーパーにあわせて、上、下、上、下で手をたたく。これで、足と手の別べつの動作の組みあわせ能力が調べられる。

④ 高度な「反応能力」をはかる

反応能力を調べるためのリアクション・ジャンケン（→p26）を、もっと高度にしたゲームがある。

- リアクション・ジャンケンの準備のときに、1、2、3、4と分かれたが、その番号でゲームをする。奇数をいわれたら、奇数の人が手をにぎる。
- さらに難度を高くして、足し算・引き算をおこない、答えが偶数だったら偶数の人が、答えが奇数だったら奇数の人が、手をにぎる。たとえば、「1+3」といわれたら、答えは4だから、偶数の人が手をにぎる。

⑤ 識別能力の判断

ボールをあつかったり、ラケットでなにかを打ったりする動作が、精密にできるかどうかで判断できる。「精密に」とは、「正確に正しく」のこと。

⑥ リズム能力をはかる

人の動きを見て、まねられるかどうか。たとえば、「1、前にあげた右足先に左手でタッチする」「2、前にあげた左足先に右手でタッチする」「3、後ろにあげた右足先に左手でタッチする」「4、後ろにあげた左足先に右手でタッチする」。これを、1、2、3、4。1、2、3、4……とおこなう。はじめはゆっくり、しだいにはやく。

⑦ バランス能力を調べる

たとえば「片足で目をとじて1分間立っていられるか」。これは、バランス能力を調べる基本。ケンケンでどこまでいけるかも、バランス能力を調べるためによくおこなわれる。片足でバランスよく最後までいければ、それはバランス能力があるということになる。

運動神経というのは、これら7つの能力をまとめたもの。7つの能力がすべて高ければ、どんな運動でもはやくうまくなります。ただ、どれかひとつが低いと、なかなか運動がじょうずにならない。
みんなの年齢では、ひとつの運動だけでなく、いろいろな運動をたくさん経験して、これらの能力をバランスよく高めるということが重要になります。

②一度身につくと、またできる！

質問するよ。
「自転車に乗れる人がほとんどですが、明日、乗れなくなる可能性はあると思う？」

ない。

そう、一回乗れるようになったら、いつでも乗れるよね。運動って一度身につくと、なかなかわすれない、一度できると、その後もできる！

これは、スポーツ心理学では「学習が成立した」というよ。学習というと勉強のイメージがあるけれども、なにかを身につけることを「学習が成立した」というんだね。

スポーツも学習！

自転車に乗る技術を学習して、それが成立している状態が、自転車に乗れるってことだよ。だから、今日乗れれば、明日も乗れる、あさっても乗れる。一年後も乗れるのがふつうなんだ。

③コーディネーション能力と年齢

コーディネーション能力は、年齢が大きく関係します。若いほうが、いろいろな動きを取り入れやすく、おとなになればなるほど、なにかのくせがついて体がうまく動かなくなっていくからです。一般に、運動神経は12歳で大きくのびるといわれています。これを図であらわしたものがあります。

●スキャモンの成長曲線

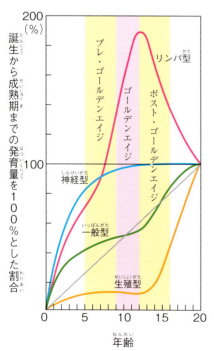

左の図の神経型という青い線を見てください。これは、みんなの運動神経や感覚をあらわしています。これを見ると、神経というのはだいたい12歳くらいのときに、かなりのところまで、100％近くまで、20歳の人とかわらないくらいに発達するということがわかっています。

このピンクでかこった部分を「ゴールデンエイジ」といいます。ゴールデンエイジは、運動神経がすごくのびる時期です。その前には「プレ・ゴールデンエイジ」があります。5歳から8歳、9歳くらいのところです。この時期も、運動神経がのびやすい時期です。ただし、この時点では、まだ体に筋肉がついていないので、はげしい運動をするとけがをしてしまいます。

一方、「ポスト・ゴールデンエイジ」というのがあります。12歳から16歳くらいの時期です。子どものころは、重りをつけてトレーニングをするとけがをしますが、じょじょに力をつかう運動をしていくことができるようになります。体に負荷をかけて（重りをつけたりして）トレーニングしていくことも可能です。

④筋肉が発達するのはいつごろか

かつては、小学生にうで立てふせを100回させるなどということがありました。でも、100回うで立てふせをしても、筋肉は大きくなりません。なぜなら、ホルモンの作用で筋肉は肥大するからです。ホルモンが出てこない年齢では、うで立てふせをやっても意味がない！ 筋肉は大きくならないんです。それよりもけがをします。なので、筋力トレーニングは、効果を発揮する中学生、高校生になってからでもおそくないのです。

⑤どうしたら運動がじょうずになるのか？

運動がじょうずになるためには、たくさんのトレーニングが必要なのはもちろんですが、そのトレーニングや練習にも、大事な考え方があるのです。それは相性ということです。

ある運動とある運動はなかよしではないが、ある運動とある運動はなかよし！ これを知らないと、いっしょうけんめい練習しても、うまくならないということです。たとえば、立位体前屈テスト（体をまげていき、手の指先が足のつま先よりも何センチくらい下に出るか）で、あまり体がまがらない人でも、スクワット（足を肩はばに開いてひざをまげる運動）を20回やってからもう一度はかってみると、かなり記録がのびるはずです。

これはふしぎなようですが、スクワットが体を前にたおす運動にいい影響をおよぼしたという例なのです。つまり、このふたつの運動は相性がよいということです。この場合は、スクワットによって、股関節の筋肉がやわらかくなったからだと考えられます。

⑥相性のよくない運動

肩の前で右手と左手が地面とまっすぐ平行になるように、うでをのばしてください。この位置をよく覚えておいて。

つぎに、右手をななめ上45度、左手をななめ下45度におろす。この感覚もよく覚えておいて。そして、目をとじて、両手を最初の平行の位置までもどす。このくらいで同じくらいになったかな、というところで目を開ける。絶対ここだと思ったところが、アレッ？ となっているはず。この運動は、あとの運動によくない影響をおよぼした例です。なぜそうなるかは、つぎのとおりです。

●まっすぐ手を前に出して平行にしたあと、「ななめ上45度、ななめ下45度」を覚えたことが、正しい判断をくるわせた。

これは運動の相性がよくなかったということです。Aという運動とBという運動がなかよしではなかったのです。こんなことが、運動のなかではよく起こるのです。

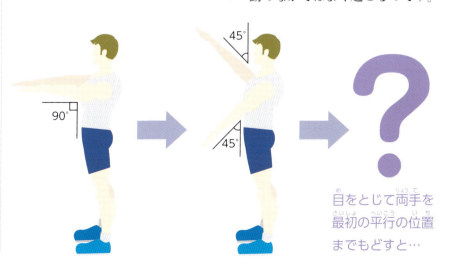

目をとじて両手を最初の平行の位置までもどすと…

⑦似ている運動を組みあわせる

前の運動があとの運動にいい影響をおよぼすことを、「正の転移」といいます。これは、前に覚えたことが、新しく覚えることによい影響をおよぼすということです。反対に「負の転移」というのがあります。これは前に勉強したことが、あとで勉強することに悪い影響をあたえる場合をいいます。

運動を覚えていくときは、できるだけ近い運動、似ている運動を組みあわせながら、「正の転移」が起こるようにしていくことがいいのです。実際の運動の場面で、どういうことが「正の転移」「負の転移」になるかということを紹介したいと思います。

● 倒立前転

「倒立前転やってみよう」といわれてもできないのは、こわいし、あぶないと思うから。まずは、前転を学習する。前転ができるようになったら、つぎは、かべにむかって倒立を学習。ついで、かべに背中をむけて倒立。しだいに倒立ができるようになる。そして、倒立ができたら、肩、背中、おしり、ひざをまげていき、倒立前転へつなげる。

これも「正の転移」です。前の運動が後ろの運動をよくしていく例です。

> この授業の最後は、運動に関して、みんなからあがった質問に川田先生に答えてもらいます。

Q 腹筋と相性のいい運動はありますか。

腹筋というのは筋肉をきたえる運動なので、腹筋を強くするためにほかの運動と組みあわせるということは、とくには必要ないと思います。ただ、腹筋ばかりやると、バランスが悪くなるということがあります。なぜかというと、体というのは腹筋と背筋でバランスよく立っているよね。ですから、腹筋と背筋を両方やったほうがいいのです。そういう意味で相性のいい運動というのは、背筋の運動になると思います。

Q 足がはやくなる方法は？

身長がのびれば、はやくなります。では、身長はどうやってのばすかといわれても、ちょっとむずかしいですね。身長がのびると、なぜ足がはやくなるのかというと、一歩が大きくなるからです。なので、一歩を大きくすることを考えればいいんです。よく運動教室でやることですが、走るとき、体が起きちゃっていることがあります。そうすると、一歩が小さくなる。でも、体をねかせる、体をななめにすると、一歩が大きくなるんです。スピードがのってきたら、体を起こします。これを練習するだけで、かなりちがいます。

Q 握力が弱いんですけど、どうやってきたえたらいいですか。

鉄棒がいいです。鉄棒にぶらさがる。昔は木登りがいちばんよかったけれど、今は木に登るとあぶないので、鉄棒にぶらさがるのがいちばんいいです。握力の強い人は、にぎる運動をよくやっています。

Q 陸上のスパイクはなんの意味があるんですか。

スパイクをはいたほうがはやく走れるんです。どうしてかというと、足が地面についた瞬間、足がずれないんです。みんなはふつうの運動ぐつをはいて走ると、ズルズルッとすべるよね。スパイクをはいていると、それがピタッと止まります。そうするとはやく走れます。だいたいタイムにして0.5秒はやくなるといわれています。0.5秒といったら1秒の半分。どれくらいの差がつくかというと、50mを8秒で走るとしたら、5m前を走ってることになります。スパイクをはいたほうが有利です。

Q はやく走るのにいちばん相性のいい運動はなんですか。

これはいっぱいありますが、歩数・歩幅をちゃんと確保するということ。それと最近いわれているのが、ももをあげても足ははやくならないということです。ももをあげる・さげるというよりも、ひざの下を前に出すほうが、一歩が長くなる。ももをあまりあげないでひざの下を出していく走り方のほうが、一歩が大きいからはやく走れるようになるといわれています。これは、末續慎吾選手*がやっていた走り方です。

*1980年、熊本県生まれの陸上短距離選手。2003年の世界選手権（200m）で銅メダル、2008年のオリンピック・北京大会（4×100mリレー）で銅メダルを獲得した。

（この授業は、2014年9月20日に、子ども大学かわごえでおこなわれたものです。）

さくいん

あ行

アクティブ・ラーニング……… 2
アニメ…………………………… 8
インターネット……… 17、18、19
インターネットニュース……… 18
運動神経………………… 26、27、28
NHK……………… ⇒日本放送協会
『黄金バット』………………… 8
黄金比………………… 24、25

か行

街頭紙芝居……………… 8、9、10
街頭テレビ………………… 7、8
『金太郎の落下傘部隊』………… 9
コーディネーション能力
　………………………… 26、27、28
ゴールデンエイジ……………… 28
国営放送………………………… 16
子ども大学………… 2、11、24
子ども大学かわごえ………… 2、4
コマーシャル……… 5、6、7、8、
　　　　　　　　　10、12、14、15

さ行

GRP……………………………… 12
CM………………… ⇒コマーシャル
識別能力………………………… 27
視聴率……… 10、11、12、13、17
受信料……………………… 10、16
新聞………………………… 11、18
スポーツ心理学………………… 28
スポット広告…………………… 12
スポンサー……………… 5、7、10、
　　　　　　　　　　12、14、16
正多角形………………………… 23
正の転移………………………… 30

た行

『西部警察』…………………… 14
正六角形………………………… 22

た行

第二次世界大戦………………… 16
高柳健次郎……………………… 9
柱状節理………………………… 22
聴取料…………………………… 16
つめ方数学………………… 20、21
定位能力………………………… 27
テレビ… 4、5、6、7、8、9、10、
　　　　11、12、15、16、17、18
テレビ局………… 12、14、16、17
東京放送局……………………… 16
統計学…………………………… 11
トレーニング……………… 28、29

な行

ニコニコ動画…………………… 17
日本放送協会………… 4、6、10、
　　　　　　　　　　16、17、18
日本テレビ放送網（日本テレビ）
　…………………………………… 6
ニュース…………………… 5、18

は行

ハニカムストラクチャー（ハチの巣構造）
　………………………………… 22
バランス能力…………………… 27
反応能力…………………… 26、27
負の転移………………………… 30
ブラウン管……………………… 9
プランクトン……………… 20、21
プレ・ゴールデンエイジ……… 28
ベナール対流…………………… 23
変換能力………………………… 27
放送法…………………………… 16

ま行

ポスト・ゴールデンエイジ…… 28
ホルモン………………………… 29

ま行

民間放送局……… 4、5、6、7、
　　　　　　　　　10、16、17
民放………………… ⇒民間放送局
メディア…………………… 18、19
メディアリテラシー…………… 19
メディア論………………… 4、9

や行

YouTube………………………… 17

ら行

ラジオ……………………… 5、16、18
リズム能力……………………… 27
リテラシー………………… 18、19
連結能力………………………… 27

わ行

WOWOW………………………… 16

監修／子ども大学かわごえ

「子ども大学かわごえ」は、ドイツの「子ども大学」を参考に、2008年、埼玉県川越市に日本で初めてNPO法人として設立。小学4～6年生を対象に、大学レベルの専門的な授業を楽しく展開。保護者が子どもといっしょに授業に参加するというのも特徴。当校の取り組みをモデルとして、地域の大学や市民団体などを核に実行委員会が組織され、各地で子ども大学が開校されている。

授業／1・2時間目：池上彰　2011年2月12日実施
　　　　3時間目：吉野隆　2010年2月20日実施
　　　　4時間目：川田裕次郎　2014年9月20日実施

編／こどもくらぶ

「こどもくらぶ」は、あそび・教育・福祉・国際理解分野で、子どもに関する書籍を企画・編集しているエヌ・アンド・エス企画編集室の愛称。これまでの作品は1000タイトルを超す。

構成・文／稲葉茂勝（子どもジャーナリスト）

企画・制作／株式会社　エヌ・アンド・エス企画

デザイン／矢野瑛子

このシリーズは、NPO法人子ども大学かわごえが発行した、2009年度～2016年度におこなわれた授業や行事を記録した年間授業報告書をもとに、こどもくらぶ編集部で再編集したものです。文責は稲葉茂勝。なお、この本の情報・講師の肩書きは、授業当時のものです。

写真協力（敬称略）

子ども大学かわごえ
© Andybignellphoto ¦ Dreamstime.com
© PhotoEdit, © StudioAraminta - Fotolia.com
© のびー, © haru / PIXTA
© milatas / Shutterstock.com

表紙写真

・授業風景：子ども大学かわごえ
・テレビ：© PhotoEdit-Fotolia.com
・走る男の子：のびー / PIXTA
・街頭テレビに集まる人びと：郵政博物館

シリーズ　見てみよう・考えよう！　子ども大学　①身近な生活のギモン

2018年10月　　初版第1刷発行

発 行 者　飯田聡彦
発 行 所　株式会社　フレーベル館
　　　　　〒113-8611　東京都文京区本駒込6-14-9
　　　　　電話　営業 03-5395-6613　編集 03-5395-6605
　　　　　振替口座　00190-2-19640
印 刷 所　凸版印刷株式会社

©2018 Kodomo Kurabu　© フレーベル館 2018
Printed in Japan.
フレーベル館ホームページ　http://www.froebel-kan.co.jp
乱丁・落丁本はおとりかえいたします。

禁無断転載・複写
ISBN978-4-577-04720-0　NDC002
32p/29cm×22cm

シリーズ 見てみよう・考えよう！
子ども大学

監修／子ども大学かわごえ
編／こどもくらぶ

1 身近な生活のギモン

2 あたりまえを見直すギモン

3 答えの出しにくいギモン